Hugo von Hofmannsthal
As palavras não são deste mundo

As palavras não são deste mundo
Briefwechsel: Hugo von Hofmannsthal — Edgar Karg von Bebenburg
Hugo von Hofmannsthal
© Editora Âyiné, 2ª edição, 2020
Seleção: Marco Rispoli
Tradução: Flávio Quintale
Preparação: Érika Nogueira
Revisão: Fernanda Alvares, Ana Martini
Projeto gráfico: Luísa Rabello
Imagem de capa: Julia Geiser
ISBN 978-85-92649-22-7

Editora Âyiné
Belo Horizonte, Veneza
Direção editorial: Pedro Fonseca
Assistência editorial: Érika Nogueira Vieira, Luísa Rabello
Produção editorial: André Bezamat, Rita Davis
Conselho editorial: Lucas Mendes de Freitas,
Simone Cristoforetti, Zuane Fabbris
Praça Carlos Chagas, 49 — 2º andar
30170-140 Belo Horizonte — MG
+55 31 3291-4164
www.ayine.com.br
info@ayine.com.br

Hugo von Hofmannsthal
As palavras não são deste mundo

Biblioteca antagonista 17

Tradução de Flávio Quintale

Âyiné

Sumário

9   As palavras não são deste mundo

As palavras não são deste mundo

Segue-se a seleção das cartas feita por Marco Rispoli.
Todas as notas são do tradutor.

Lélzw, departamento de Ain, França,
6 de setembro de 1892.

Caro Edgar!

Estou numa aldeia no fim do mundo, na região
francesa do Jura, já há uma semana. Vim parar aqui
por acaso e não sei quando esta carta poderá chegar
cm tuas mãos. Infelizmente não vi mais em Strobel
nem tua mãe nem o Aníbal; consegui cumprimen-
tar apenas a Leonor; por enquanto é somente uma
menina engraçadinha, mas tem uma exuberância
tão particular, tão viva e é tão *imprévue*,[1] cheia de
caprichos, que se tornará, creio, muito mais que
uma jovem senhora boa apenas para jogar tênis e
frequentar socialites. É um hábito meu, bom e mau
ao mesmo tempo, em todo caso um hábito, que faz
parte de minha essência mais profunda, ser sempre
interessado nas pessoas e refletir sobre elas; nem
sempre consigo encontrar alguma coisa que me traga
felicidade, como encontro na natureza, um vento

—————

1 Em francês no original. Imprevisível. Trata-se de uma
referência a Stendhal.

forte, a lua cheia ou um grande espelho d'água. Viajei rápido pela Suíça, o tempo todo com os olhos fechados; agora vou devagar, com os olhos bem abertos, descendo pelo antigo vale do Ródano até atingir a costa. Normalmente sinto-me mal nas viagens: falta-me espontaneidade, fico me observando viver e aquilo que vivencio é como se estivesse lendo um livro. Apenas o passado transfigura para mim as coisas e lhe dão cor e perfume. Isso é que me transformou também em «poeta», essa necessidade da arte de viver, a necessidade de embelezar e interpretar poeticamente aquilo que é comum e pálido. Se eu um dia escrever algo em que consiga me exprimir de modo vivo e claro sobre mim mesmo te enviarei, em vez de te mandar uma fotografia, que sempre é algo morto e parvo. A tua amizade foi a maior alegria que já me caiu do céu; não foi algo longamente procurado, justificado e que precisa de explicação; algo que, no fim das contas, permanece um monólogo e não um diálogo. Com a gente não é assim; e isso é muito bom. Não nos consideramos gênios incompreendidos e jamais falamos de «união de almas». Em geral o patético não me agrada, acho um sinal de falta de educação. Logo, porém, se percebe que são muito poucas as pessoas com quem se tem, por uma série de coisas, mais afinidade, não é verdade? Com algumas pessoas a gente pode dividir algumas coisas com tranquilidade e simpatia, mas somente pouquíssimas nos fazem realmente bem; apenas elas nos consolam do chamado «tédio da vida», *l'ennui de la vie*, comum a todas as criaturas bem-nascidas.

Espero que não te inibas em me escrever. Escreve-me quando quiser, escreve tudo aquilo que te vem à mente, sempre no endereço de Viena, rua dos Salesianos, número 12. Já terminamos a escola, já sabemos que não receberemos nenhuma descarga elétrica, estamos no mesmo barco...

Não poderemos contar as coisas importantes que vivermos, pois não nos lembraremos delas. Creio, contudo, que de vez em quando poderemos pôr no papel algum fragmento de uma sensação subjetiva, de um estado de humor, e disso poderá surgir uma troca de correspondências, como se fazia no século passado, quando as pessoas escreviam com mais graça, mais elegância e com mais nobreza do que agora — provavelmente porque levavam um mês para chegar, quando enviadas de um vilarejo a outro da Alemanha. Escreve-me com regularidade sobre aquilo que te diz a grande solidão, ela que tanto nos aproxima, e eu te direi o que se passa nesta cabeça ébria de cavaleiro do parque Prater, ou sobre música ou sobre o perfume das coquetes. Tu vês novas terras e regiões, eu leio livros; tu provas os verdadeiros e belos perigos, e eu, pelo menos algumas vezes, o prazer de uma confusão excitante.

Espero tua carta com alegria e te mando minhas calorosas saudações.

Hugo Hofmannsthal

Viena, 12-15 de dezembro de 1892.

Meu caro Edgar,

Tua irmã Leonor me deu um pouco dos teus papéis de carta, assim posso te contar a grande alegria que foi ter encontrado a ti e a tua família, pessoas que não têm nada em comum entre si nem comigo, mas com quem me sinto íntimo e de casa. É quase como se eu tivesse estado centenas de vezes, no passado, na salinha da rua Herren, como se tua mãe me tivesse lido centenas de vezes trechos das tuas cartas sobre as pirâmides, tuas aventuras, teus banhos, e como se centenas de vezes tivesse falado da mesma maneira com Leonor sobre bonecas ou sobre o Burgtheater. Respondo hoje longa e detalhadamente a tua carta enviada de Bombaim. Não encara como uma desculpa, mas me agradaria te escrever cartas bem estruturadas, como se eu estivesse escrevendo um testamento ou um balanço da minha vida. Não encontro tempo, contudo, para fazê-lo. Vive-se de modo tão apressado, tão expansivo e fragmentário, tantas coisas acontecendo ao mesmo tempo, que não dou conta de tudo. Falo das pequenas coisas do dia a dia, pouco interessantes, dos pequenos projetos insignificantes e mais isso, e mais aquilo e aquilo outro: tudo que uma pessoa é obrigada a fazer quando não tem diante de si o azul do mar cristalino belo, puro e livre.

Misturam-se tantas coisas, grandes e pequenas, na nossa cabeça. É muito bom, mas pouco filosófico e faz a gente se distrair demais.

Penso somente em uma coisa: quero me tornar muito famoso, saber andar bem a cavalo, aprender bem italiano, caminhar e falar elegantemente e ser um verdadeiro *gentleman*, ganhar de presente de Natal algumas gravuras inglesas e te ter aqui comigo em Viena, queria falar com algumas pessoas em Londres, Berlim e Copenhagen, ter um monte de ideias, ver muitos quadros e ler muitos livros, ou ter já lido muitos livros. Quando penso, me veem sempre muitas coisas à mente; esse desejar e querer contínuo e esse negócio de unir uma coisa à outra te consome muito. Não falo assim abertamente dessas coisas com ninguém, nem mesmo com meu pai. A proximidade modifica o tipo de intimidade. De resto, exteriormente, está tudo bem comigo: sou membro da comissão organizadora de piqueniques para juristas, e não existe coisa mais relaxante para os nervos do que isso.

Minha vida exterior é muito mais sem graça do que a tua, a menos que, em vez de o pôr do sol violeta, macacos e cipós, prefiras a música de Schumann e os versos de Musset.

No fundo, entretanto, há muitas coisas impactantes na arte, ilimitadas, belas, amáveis e impetuosas, capazes de afetar, inebriar e chacoalhar, como as tempestades dos mares do Sul, as tumbas dos faraós e os silêncios das florestas tropicais. É uma boa desculpa para quem fica em casa, não?

Semana que vem é Natal. Gosto muito desse período, ainda que não seja a mesma coisa do que era na infância, a cada ano vai se tornando mais opaco, perdendo boa parte da magia. Normalmente gosto muito do inverno, passear a pé, ir de noite ao parque, onde o chão é de uma brancura sem fim e as árvores escuras sob o céu cinzento. Nada me agrada mais do que o vento, muito vento, e isso tem sempre aqui. À beira-mar tinha muito pouco para o meu gosto; andei de barco à vela, mas sempre com pouco vento, fraco, sorridente e tonto. Para compensar vi várias corridas de touros na antiga arena romana de Provença. É uma emoção semelhante àquela do vento forte.

Se tu estivesses aqui, poderíamos sair para andar de noite, já que nas grandes cidades hoje em dia é impossível ir de charrete.

Terça-feira no Burgtheater será representada *Fausto I*, que jamais vimos; espero encontrar uma entrada; a Reinhold interpreta Gretchen.

Aguardo notícias tuas em breve. Penso sempre em ti.

Teu Hugo

Viena, 7 de fevereiro de 1893.

Meu caro e velho Edgar,

Muito obrigado pelo cartão de Natal e pela breve carta enviada de Calcutá. Não é uma provocação, mas tenho tido muitas informações sobre ti por tua mãe e a Leonor, fico muito feliz e me divirto a valer mesmo tendo a impressão que pensas em mim muito de vez em quando. Aqui logo começa a primavera, já se sente a chegada do vento morno.

Tenho encontrado muita gente, gente de todos os tipos, jamais com uma companhia em particular. Vira e mexe aparece o teu nome como, por exemplo, num bate-papo com Wolf Reichlé; até então não sabíamos que eras um amigo comum. O Burgtheater, como de costume, está com a programação tediosa de inverno de sempre, não estás perdendo nada. Há meses que não ia, desde a montagem do *Fausto I*, que foi uma decepção, desarmônica, extenuante, quase insuportável. Na verdade, não é peça para o teatro; é tediosa, talvez porque conheça de cabeça passagens inteiras e as adoro como nada mais nesse mundo. No Palácio Todesco expõem-se quadros vivos. Wolf e eu, além do Gotthart Haan, que tu certamente conheces, participamos de um desses quadros juntos com duas belas garotas: um casamento do período do Diretório, com coletinho e chapéu de três pontas. Estou escrevendo o prólogo em verso desse quadro. Isso é mais ou menos o alfa e o ômega da minha atividade literária. Depois de tantos livros, tenho necessidade de abrir e folhear livros vivos, as pessoas. Não tenho muita coisa a dizer deles, se vivem, de fato, muitas coisas não dá para saber com certeza, até porque somente muito tempo depois é que se sabe realmente aquilo que se viveu.

Coisas boas para ti, mil saudações do teu

Hugo

Em alto-mar. Estreito de Bangka,
13 de março de 1893.

Meu caro Hugo,

É muita falta de educação da minha parte te deixar tanto tempo esperando minhas cartas; mas tem alguma coisa dentro de mim que não está bem, não sei como, onde e nem o porquê! E cartas, pelo menos cartas decentes, não consigo mais escrever. Já me conformei e, por isso, não vou mandar esta folha para o lixo como já fiz com tantas outras, mas terás de ser indulgente.

Leonor fez muito bem em te dar papéis de carta, mas tinha que ter dado nove e não apenas dois. As tuas cartas me dão uma alegria que nenhuma outra me dá; em todo caso, são as mais inteligentes que recebo. Tem alguma coisa nas tuas linhas, e leio também as entrelinhas, que é muito diferente do resto dos mortais. És um homem bom e te agradeço por isso. — Minha vida exterior, vista superficialmente, é esplêndida; sempre com ar livre e fresco, circundado de lugares belos e águas ainda mais belas, meus superiores são simpáticos, colegas que não são nada mais que colegas, gosto de um ou dois deles, não passo fome, nem frio (infelizmente), vejo coisas que poucos veem, em outras palavras, todo mundo me inveja... mas sou infeliz, às vezes terrivelmente infeliz e por quê?

Tu que me deves dizer!

Não é tédio, porque estou sempre muito ocupado, e tampouco é melancolia, porque costumo rir e estar alegre. Mas tem alguma coisa que contamina tudo que faço e que deixo de fazer; jogaria fora se pudesse e tudo ficaria bem, mas não consigo encontrá-la, apesar de todos os esforços.

[...]

Quando eu voltar para casa, terás a paciência de estar comigo? Gostaria muito de fazer passeios a pé, andar a cavalo, fazer tiro ao alvo e conversar. Tenho tantas coisas para contar que não dou conta de pôr tudo no papel. Quero trabalhar em alguma coisa que me seja útil no futuro, no caso de o serviço na Marinha não vir mais a me dar prazer. Sabes me dizer que coisa eu poderia fazer? Te peço muito, não? Nas tuas cartas tem algo que eu já havia pensado da mesma maneira e que até então eu não tinha conseguido definir com precisão. Existe alguma palavra em grego ou latim que traduza bem isso?

[...]

Como será tua resposta a esta carta? Estou muito curioso! Um beijo para tua mãe e me despeço de ti com muito afeto.

Edgar

Viena, 30 de maio de 1893.

Meu caro Edgar,

Não mostrei tua carta para tua mãe. Ela está com tanta coisa na cabeça, a matemática do Aníbal, a saúde da Leonor, a casa e outras mil coisas; melhor deixá-la tranquila por enquanto. Eu, porém, li a tua carta com muita atenção umas três ou quatro vezes e cheguei à conclusão de que entendo perfeitamente as tuas aflições, mas não posso fazer nada. Talvez te console o fato de que não é somente quem está a bordo de um navio da Marinha que se sente assim, esse queimar interior, esse caranguejar, esse sentimento de incompletude, de insensatez da existência, esse não conseguir se acalmar, como quando se está na cama, girando de um lado a outro, tentando dormir. Creio que seja uma doença infantil da alma. Somente quando se vive como eu, esse estado de alma se fragmenta e se mistura com outros; quando se navega para cima e para baixo num monstrão de ferro no mar vazio e silencioso, torna-se forte, mas a solidão te devora. Vês, não falo como muitas pessoas inteligentes e originais; basta ir até minhas prateleiras para encontrar livros profundos, fascinantes e envolventes, a tal ponto de me perder neles até me esquecer de mim mesmo, até que os pensamentos e as sensações humanas e livrescas cheguem a anular meus pensamentos e sensações e se coloquem no lugar deles. Na verdade, não somos nós que possuímos e mantemos os homens e as coisas, mas são elas que nos possuem e nos mantêm. Desse modo parecemos não ser vazios, mas algo ainda mais inquietante, como um fantasma em plena luz do dia: pensamentos estranhos pensam dentro de ti, velhos estados de alma, mortos e artificiais, e vês as coisas através de um véu, te sentes estranho e excluído da vida, nada te consola, nada te preenche por completo. No fim surge algo humano, autêntico. Para mim agora é uma questão de um desejo ilimitado e violento de natureza, não de contemplação sonhadora, mas de uma intervenção efetiva na natureza, um desejo de fazer longas caminhadas, ir à caça e, se possível, viver uma vida de camponês. Parece que tenho o mesmo tipo de sentimento que teve Anteu, que recebia força da mãe Terra, quando Hércules o levantou durante a luta e lentamente o lançou aos ares...

Entendo muito bem que chegará o dia em que te será impossível continuar a trabalhar como marinheiro. Mas acho que ainda não é hora de se preocupar com isso. Não importa o que tua necessidade interior te impele a fazer, a tua viagem de volta ao mundo te será muito valiosa no futuro. Não me refiro às impressões das cidades e dos portos que visite, mas à profunda educação interior que isso traz. A consciência de ter percorrido distâncias enormes, impressionantes para todos os homens, ter contribuído de algum modo para nossa civilização, ter vivido com pouco conforto e com a pouca independência que caracteriza nosso cotidiano, estar em situação de solidão, tudo isso, acredite, é algo profundamente precioso. Quando a gente se reencontrar, vais perceber o quanto és capaz de encarar a vida com muito mais pulso, impavidez e força do que eu. Recomendo-te apenas duas coisas: mesmo em situações adversas, aprenda idiomas (inglês etc.) o quanto antes, será sempre muito útil e não economize dinheiro, nem energia, para ver tudo que for possível nas excursões em terra firme. Eu mesmo, sem me apertar, vivo modestamente e sei bem o quanto é problemático gastar uns tostões com passeios, enquanto em casa fica todo mundo calculando centésimos para fechar o mês. Quanto mais puderes usufruir das ocasiões para conhecer esses lugares, inacessíveis para a grande maioria das pessoas, mais assegurarás a teu futuro algo de concreto, algo que poderás valorizar a qualquer momento da tua vida. Vejo pessoas que, para dar força moral às próprias posições políticas, ou mesmo no jornalismo, viajam a toque de caixa, e fazendo sacrifícios, para alguns países da Europa ou de outros continentes.

Há um ditado alemão que diz: *nicht weit her sein*, «não vem de longe, não vale grande coisa», que dá a entender claramente o quanto se valoriza aqueles que viajam para longe.

Tua mãe e Leonor já devem estar na *Hohe Warte*.[2] Devo passar por lá uma tarde dessas. Faz quase dois meses que não vejo a Leonor.

Desde meados de abril tenho evitado aglomerações. Ando meio cansado. Os jardins estão lindos, repletos de acácias e lírios perfumados no momento. De manhã, sento-me sempre para ler no jardim de Belvedere ou no jardim do palácio de Schwarzenberg. Escrevi bastante nesses últimos tempos; uma peça de teatro em ato único,[3] bem triste, e alguns versos. À noite, de vez em quando, visito alguém: uma

---

2 Localidade na região Noroeste de Viena.

3 Trata-se de *Der Tor und der Tod* [O louco e a morte].

senhora anciã muito inteligente e querida, algum amigo escritor e uma jovem que não anda muito bem de saúde; ou então dou uma volta pelos campos, ou vou ao Burgtheater, que é bem arejado agora. Talvez, quando voltares, minha peça em ato único estará em cena. Seria um prazer revê-lo com minha peça em cartaz.

Tudo de bom!

H.

Strobl, 5 de agosto de 1893.

My dear fellow!

Já estou velho para escrever cartas de fofocas e, principalmente para ti, para quem tenho sempre vontade de escrever coisas valiosas, não apenas as novidades corriqueiras, passeios, bom e mau humor e outras coisas do cotidiano. Nas tuas cartas (tua mãe me leu trechos), mesmo os fatos são narrados com estilo e graça, tudo remoto e exótico. Aqui, porém, tudo continua trivial, de vez em quando trilegal,[4] e a pequena mágica que fazem os dias parecerem diferentes uns dos outros e as horas, ora rosa, ora cinza-chumbo, não é reproduzível nas palavras. E interiormente, não se adquire móveis novos todos os dias para completar a decoração interior, vamos ficando velhos sem perceber... De resto, quando sairmos para uma caminhada ou um passeio a cavalo pela primeira vez, vamos nos espantar ao notar como estamos mudados! Estarás muito mais vigoroso que

———

4 Tentou-se reproduzir o jogo de palavras no original *petty* e *pretty*.

eu, mais equilibrado e pronto. Fiquei muito feliz em saber, pela carta que escreveste à tua mãe, que minhas cartas te dão um pouco de alegria. Gosto de todos vocês e tua mãe é muito querida. Também Leonor é muito querida, meio meninona em alguns aspectos, mas madura em muitos outros, tão mulher, tão materna. Tem muito tato, muito tato mesmo, e grande coração, o que já é bastante coisa. Hansi não é muito bem-humorado e fala pouco, pelo menos comigo, ao contrário de Elisabeth.

Surpreendeu-me muito que a Índia não tenha te impressionado como o Egito. Queria muito conhecer a Índia, faz tempo; bastam algumas palavras cheias de vida e de cores sobre a Índia para me despertar o interesse. Há pouco tempo, o Alfred Berger (marido da Hohenfels) me contou belas coisas sobre esse lugar. Ele é o tipo de pessoa modelo para ti: tem a maior fineza de alma e, ao mesmo tempo, a mais robusta, não é frágil como eu e, sem ser bruto, é capaz de desfrutar efusivamente com muita virilidade e sensibilidade a caça, as mulheres, o barco à vela, as brigas, a história dos mártires, os cavalos. Na tua última carta, percebi que reagiste de maneira sã e serena às adversidades; tornar-se um verdadeiro homem do mar, sem perder tua gentileza e tua delicada alma de ramster, seria grande motivo de alegria para ti, teus familiares e, mantendo a respeitosa distância, também para teu bom amigo.

Hugo

Viena, 10 de outubro de 1893.

My dear fellow,

Quando chegou teu cartão-postal de Sydney já era fim de agosto. Tivemos dias maravilhosos de fim de verão, e eu aproveitei para passear, muitas vezes com Elisabeth, criatura singular, que no início julgava superficial, mas que acabou se tornando muito querida. Caminhávamos sempre lado a lado, dialogando, no início sem fluir muito a conversa, nem imaginar uma possível aproximação maior, mencionando sempre o teu nome como a única coisa em comum que tínhamos. Com o tempo compreendi que tinha diante de mim uma pessoa madura em diversos aspectos, reflexiva e boa; o resto tu sabes muito mais do que eu, e eu não teria te contado isso não fosse pelo fato que me habituei a te escrever, meio em estilo de crônica, tudo muito confidencial e muito desleixado, com a intenção de não deixar nada de fora, mesmo coisas pessoais e sem importância.

Em setembro estive por catorze dias em Munique e Nuremberg; o que não sabes provavelmente é que eu, mesmo sem nenhum talento como pintor, tenho uma sensibilidade muito viva para a pintura, e aqueles milhares de quadros antigos e modernos foram uma imensa alegria para mim. Tocaram-me e continuam a fazer imenso efeito em mim. Depois passei oito dias lindos caçando faisão em Kleinskal, na Boêmia, com Felix Oppenheimer, filho do deputado, que, creio, foi teu colega no colégio Shotten. Foi uma experiência leve e agradável, jogando tênis, passeios de carruagem, flertes depois do jantar, um tipo de vida que não dura muito e que a gente abandona sem querer completamente deixá-la, mas que é impossível manter por muito tempo. «A gente», quero dizer, eu e algumas pessoas que me são semelhantes; como é o teu caso, acredito.

Agora estou nesta Viena barulhenta, multifacetada, excitante, exigente com as consideradas «coisas sérias da vida». Quero levar muito a sério essas coisas sérias da vida e refletir sobre meus deveres e meus direitos; não tem nada a ver com exames escolares. Refiro-me, em senso mais profundo, à profissão. Tenho tantas coisas para fazer que talvez não dê conta de tudo; o tempo aflige e traz coisas boas. Quando se está num barco de ferro, como numa enorme balança, e se oscila na grande solidão, não é difícil manter-se uma pessoa de valor e um *gentleman*. Para mim vai ser difícil talvez. Espero, porém, conseguir. Nos vemos na primavera?

Yours Hugo

Amboina, Arquipélago das Molucas,
28 de novembro de 1893.

Meu caro e bom rapaz!

Hoje, de novo, estava realmente de péssimo humor e tu estarias também se estivesses no meu lugar, já que, creio, estamos ainda na feliz idade em que não levamos a sério as bobagens e as tolices sem sentido, mesmo dos superiores. Temo muito o período em que estiver debilitado e sem conseguir controlar os nervos com coisas desse tipo; espero que demore ainda bastante a chegar. Vês, sou resistente com relação ao trabalho, excessivamente monótono, mas que muitas vezes me faz distrair com uma ou outra ocupação; não posso reclamar que trabalho demais, a menos que isso me impedisse de escrever cartas — escrevo-as de noite quando não consigo durante o dia — embora, quando termino o trabalho no mar ou no porto e poderia estar livre, tem sempre alguém ou um superior insensível que não me deixa estar em terra. Juro que é difícil não perder a cabeça. Trabalha-se tanto para ganhar tão pouco, que fico com raiva quando algum boçal, por capricho ou estupidez, me nega o pouco de descontração que gostaria de ter, depois da longa monotonia passada no mar e durante o serviço.

Naturalmente, há outro modo de ver as coisas; a gente é só uma peça no todo, e deve-se inserir no todo; mas é tão difícil.

Enquanto te escrevo já me sinto melhor, mesmo sabendo que as coisas não mudarão; peguei todas as tuas cartas para ler, elas são mais preciosas que Land exploring. [...]

Alegro-me muito com a ideia de revê-lo, penso muito em ti; não nas coisas que estava fazendo ou onde estás, mas no quanto és uma pessoa boa e em que sorte a minha ter-te como amigo. Conheces os jovens de hoje, mas não conheces os jovens da nossa Marinha. Não vou ficar aqui os descrevendo, porém, te garanto que boa parte deles é de uma mesquinharia sem tamanho, ainda que existam boas qualidades em poucos deles. Que a gente acabe indo na mesma direção é óbvio; e que a gente se oponha a isso também é óbvio.

Tem momentos que me sufocam, quando me vêm muitas impressões boas e más ao mesmo tempo. A mudança frequente entre esses dois extremos dá um caráter instável ao meu ser, acredito. Com relação, porém, ao caráter, encontro-me ainda em status nascendi,[5] *mas estou providenciando para que no fim apareça algo mais decidido.*

[...]

Certa vez me prometeste uma fotografia viva de ti, um livro. Sinto falta do teu retrato. Se estiver pronto, farás minha alegria. — Diga-me também o que ler, tenho pouco tempo, mas muito boa vontade, não quero perder tempo com leituras inúteis.

Encontrarei uma carta tua em Singapura? Gosto tanto das tuas cartas. Escreva-me, porém, somente se tens vontade, se tens alguma coisa para mim.

Um beijo para tua mãe. Um grande abraço para ti, desta vez num meridiano catorze graus mais perto.

Teu Edgar

---

5 Estado de formação.

Viena, 11 de janeiro de 1894.

Meu caro, caro Edgar,

Desta vez sou eu quem te cumprimenta com pressa para agradecer tua carta. Não é nenhum nobre serviço que me aflige (meu ano de serviço militar começa só em outubro de 1894), mas, apesar disso, tem-me sido impossível recolher-me como deveria, e nossa correspondência é muito boa para uma simples carta distraída e superficial. Vou a tua casa uma ou duas vezes por mês. Tua mãe me parece *upright*.[6] Aproximei-me também de Hansi; dá-me a impressão de ser um bom rapaz, um pouco sério demais. Vi duas vezes a Elisabeth em Viena, em circunstâncias pouco favoráveis, batendo papo com todo mundo. No momento, parece que o vento da vida começa a soprar a favor e virão coisas boas. Depois tudo, porém, volta a girar em círculo. Vê se consegue dar um jeito de nos vermos na primavera.

Logo te conto mais coisas. Abraços!

Hugo

---

6 Entende-se *upright*, aqui, no sentido de «bem».

Viena, 9 de março de 1894.

Meu caro Edgar!

Pelas cartas que me escreves, mais aquelas que tua mãe me lê alguns trechos, consigo compor um belo quadro de todas as coisas boas e más que oscilam no teu ser. Externamente sofro menos que ti, mas internamente sofro mais. Essas cartas foram anulando em ti aquelas poucas recordações vivas que tinhas de mim no lago de Wolfgang, sendo substituídas por uma imagem falsa em alguns aspectos. Se Deus quiser, daqui a um mês passaremos algumas horas juntos; mas, se não for possível, espero que essa relação estranha entre dois jovens, que se desenvolveu entre nós, possa superar também outras separações.[7]

---

7   Carta sem despedida.

14 de abril de 1894. Meia-noite.

Caríssimo Hugo,

É só um sinal de vida. Muita agitação e distração durante o dia, e de noite cansaço, no todo um pouco low-spirited, *ainda que vá tudo bem. A carta que escreveste em janeiro chegou para mim em Point de Galle, depois de longas peripécias por Singapura e pelas ilhas; muito obrigado, sei que estás com pouco tempo.*

Em três semanas estarei em Pola para começar com tudo o serviço de exercícios pesados durante todo o verão, uma missão que durará quatro meses e meio. Belas perspectivas. Nem minha sombra tem folga. Talvez consiga catorze dias no outono, que dedicarei a ti. Espero que estejas livre nesse período.

[...]

Fica bem e pensa no teu lobo do mar.

Edgar

24 de abril de 1894.[8]

Recebi tua querida carta de Port Said. Nosso reencontro deve então esperar ainda mais dois meses! Para mim, agora seria um período ruim, porque haveria pouco tempo para ti. Tenho que estudar Direito todos os dias, de cinco a seis horas, já que em julho é o exame final e todo esse estudo mecânico mata em mim toda a vitalidade de pensamento e de imaginação. Somente quando vou a cavalo ao parque Prater ou de noite faço o passeio pelos campos com um ou dois amigos é que me sinto melhor. Não creio que uma depressão tão forte assim seja apenas por causa do estudo: em geral a tenho de dois em dois meses, alternado como maré alta e baixa. A maré alta é muito agradável: as coisas me parecem inteligentes e graciosas; encontro mulheres bonitas com olhos vibrantes pelas ruas ou nos salões; as vidas interior e exterior compenetram-se de modo extraordinário; todos os meus desejos e minhas recordações, a paisagem, as árvores, a música, tudo parece diante de

---

8 Carta sem local.

mim como um grande, pomposo e lisonjeiro teatro de máscaras.

A maré baixa, em compensação, é tão desagradável, vazia e árida, muda e morta, que prefiro nem falar; acaba passando, de todo modo. Na verdade, acho que todo mundo tem esses sobes e desces na vida.

No começo de março passei alguns dias em Pest. Não tenho muito o que contar. Gosto de Elisabeth e esse sentimento simples e tranquilo é tão raro e tão benéfico que fez superar tudo que ao redor de mim era impossível e antipático. Não caio no mundo, embora me relacione com as pessoas todas as noites, num círculo de senhoras anciãs e jovens muito queridas, jovens senhores e artistas, companhia facilmente encontrável e que se reúne sempre, e que será ainda muito mais agradável o dia que estiveres entre nós, desde que te sintas confortável. Imagino que com o tempo tu acabarás numa embaixada ou num ministério e, então, poderemos estar juntos no inverno. Já te escrevi que a partir de outubro começarei o serviço militar no Sexto Regimento dos Dragões (ternos negros). Quando tiver um pouco de tempo nos próximos dias vou procurar o Hansi para ajudá-lo a não ter medo dos exames de conclusão escolar;

um temor desproporcionado e um nervosismo exagerado são o pior que pode acontecer para um candidato. Espero muito te ver no verão ou no outono. Mas antes disso aguardo notícias tuas. De todo modo, escreverei novamente.

Teu Hugo

Bad Fusch, 17 de julho de 1894.

Esse longo período passado foram meses de estudo, de exame de conclusão do curso que ocorreu na sexta-feira passada, da doença grave e da morte de uma senhora anciã, criatura espetacular, bela e única; morte que me fez perder uma das poucas pessoas amigas, de reflexão intensa, triste e quase inebriante, e de uma crescente compreensão da maravilha que é a nossa existência. Mesmo que não tenha te escrito, saibas que penso sempre em ti, e em meu modo intenso de pensar procuro imaginar como vão as coisas para ti interiormente e exteriormente. No fim das contas não é tão ruim o fato de que boa parte da tua vida seja repleta de fadigas e contratempos físicos e espiritualmente mecânicos, desde que consigas conservar certa constância na alma, apesar das fadigas, e que reflitas sobre a vida de vez em quando. Já o teu simples estar no mundo, viver de modo são e regrado, faz muito bem a tua família; não esqueças, contudo, de não pensar mais nos outros do que em ti.

Em três semanas (no início de agosto) vou a Strobl e estou muito feliz de rever o lugarejo e a Elisabeth, por quem tenho um estranho tipo de amizade sincera, muito mais do que ela mesma saiba, ou imagine; que ela saiba, porém, é algo supérfluo. Na sua medida, ela é uma pessoa autêntica e verdadeira, e isso já é raro e notável. Queria ver-te e falar contigo, ainda que rapidamente; acontecerá. Será ótimo.

Abraços.

De coração, do teu

Hugo

Tivat, 25 de julho de 1894.

Meu caro Hugo!

É muito cansativa essa vida que levo. Já superei o limite das minhas forças, e o cansaço, já há algum tempo, afeta os nervos e a disposição. Sempre sonolento e obtuso, faço tudo mecanicamente como uma máquina. Não consigo descansar completamente, com naturalidade, e a cabeça também não funciona e age com indiferença às coisas que normalmente teriam me despertado interesse bem mais vivaz. Por exemplo, os fiordes são muito bonitos aqui, mas permaneci com muita frieza diante deles. — Muitas coisas têm contribuído para eu ver tudo cinza; tem tanta gente infeliz na Marinha e tantos jovens «velhos» falando sempre das mesmas coisas, falando sempre de como são desmotivados. Na verdade, basta um superior de mau humor para destruir a existência. Aqueles que são maltratados parecem sentir-se aliviados quando têm, depois de um tempo, a oportunidade de descontar os maus-tratos nos outros, fazendo-os sofrer da mesma maneira: não tem outro modo de te explicar o que se passa. Esse tipo de coisa, que vira e mexe acontece, faz com que a gente não tenha vontade de fazer o serviço, e a situação, muitas vezes, torna-se realmente insuportável.

Para nós, jovens e iniciantes, não é atribuído nenhum serviço que estimule a mente; a gente tem de fazer tudo rápido até perder a consciência, oito horas por dia na mesma. [...] Não é fácil permanecer humano nessas condições. [...]

Um grande abraço,

Teu Edgar

Strobl, 21 de agosto de 1894.

Meu caro e bom Edgar,

Hoje, enquanto voltávamos do passeio de barco à vela, tua mãe me disse, com os olhos um pouco avermelhados, que voltas duas semanas mais tarde do que o previsto, o que significa, também para mim, que minha esperança em te rever, como se deve, é diminuta, e isso me deixa profundamente triste. Posso realmente imaginar, e me solidarizo contigo, o quanto é deprimente e o quanto dá nos nervos essas contínuas desilusões, sejam grandes ou pequenas; esse sentir-se eternamente enfraquecido por esse tipo de violência brutal e anônima. Gostaria de escrever melhor minhas cartas e poder te dizer alguma coisa verdadeira e inteligente nesse momento duro que estás passando, mas palavras efetivas de conforto são uma raridade. Sabes que és muito querido para algumas pessoas e isso faz até a gente chorar quando se lembra: para tua mãe, para Elisabeth, e de certo modo também para mim, um sujeito meio estranho, e seguramente para outras pessoas que não conheço. Por essas pessoas, muito mais que preciosas, vale a pena suportar as coisas até o fim. Além disso, creio que o sentido mais profundo da palavra *gentleman* é o de ser o que há de melhor e mais nobre na vida. A vida é indescritivelmente difícil, pérfida e ilimitadamente maldosa para todo mundo: suportá-la é o que há de mais belo e precioso. E talvez isso sirva também para os outros que te acompanham, veem teu sofrimento e são sensíveis o bastante para compreender tuas dificuldades e, assim, colaborarem contigo de alguma forma. Ficaria muito feliz se, com o tempo, eu me tornasse uma dessas pessoas.

Teu bom amigo, que te manda um abraço apertado,

Hugo

Viena, 17 de setembro de 1894.
Rua dos Salesianos, 12.

Meu caro Edgar,

Se não conseguimos nos encontrar foi por culpa da carta que se perdeu e da minha falta de sorte. Mas são águas passadas.

Com relação a Semmering, encontrei uma pessoa que não espera rever por lá, uma jovem, talvez a pessoa mais autêntica que conheça, dotada de uma notável força interior e de uma severidade única consigo mesma e com os outros; uma das poucas pessoas que é mais forte do que a vida e quer fazer e defender a justiça. Se nós, os cinco ou seis jovens que conheço, daqui a dez anos pudermos dizer a nós mesmos que mantivemos nossas promessas, isso seria uma grande e bela coisa e, seguramente, muito rara. A vida nos insinua de mil maneiras, mas pesa sempre como chumbo e nos leva para baixo: e quanto mais tentamos compreendê-la de modo singular, em vez de pensar em coisas grandiosas ou no amor, se quisermos chamá-las assim, deixando de lado as mil causas e efeitos e mesmo causas e efeitos de coisas secundárias, mais nos tornamos fracos e sem salvação. A nossa má cultura está impregnada de um desejo doentio de saber coisas diversas e, por consequência, o pensamento que surge disso não é vivaz. «Intelectual filisteu»[9] é um termo muito apropriado para o alemão da segunda metade do século XIX. Na nossa cultura, os pequenos grupos que se formam ao redor dos artistas são as únicas fontes de água fresca que jorram de terrenos enlameados. A essência da arte é sempre a espontaneidade, a essencialidade, olhar a existência sem temor, sem preguiça e sem mentira. Os artistas, vistos nessa perspectiva, talvez sejam as pessoas que mais veem com interesse o problema da existência e que nunca se acomodam com fórmulas mortas que não querem dizer mais nada. Dessa maneira, partindo de uma atividade artística diletante, creio ter entrado em acordo com a vida. Esse é também meu modo de ler livros, exceção feita aos livros puramente científicos, objetivos ou aqueles claramente superficiais: sempre buscando

---

9 *Bildungsphilister*. Termo utilizado por Nietzsche em *Unzeitgemäße Betrachtungen* [Considerações extemporâneas] para criticar a não cultura, a barbárie.

no livro a presença do autor, alguém que procura compreender a vida e interpretá-la. Arte poética, creio, significa arte da interpretação.

18 de setembro

Não vou a Rudna, primeiro porque não gosto do Feodor como chefe da casa, e segundo porque tenho uma série de coisas para resolver na minha vida interior e exterior nessas duas semanas que me restam antes de iniciar o serviço militar. Pode parecer estranho, mas estou feliz em servir. Sabes que é através da ingenuidade que consigo levar a vida e cumprir um objetivo sem adiá-lo, caso contrário eu permaneceria com meus hábitos e ficaria sempre na mesma, muitas vezes iludido e estagnado, sem tentar me tornar um homem mais maduro.

Terminou de ler o *Niels Lyhne*?[10] Que tal? Tem alguma alma viva, ou pelo menos meia alma, a bordo da *Friedrich*?[11]

Abraço.

Hugo

---

10 Romance do dinamarquês Jens Peter Jacobsen, publicado em 1880.

11 Corveta da Marinha austríaca.

A bordo da Friedrich, 23 de setembro de 1894.

Meu caro Hugo!

[...]

Tenho o péssimo hábito de me adaptar rapidamente às circunstâncias externas; acho isso uma prova de minha pouca originalidade e uma pessoa deve ser genuína, quero dizer, deveria exprimir a própria peculiaridade e não ser cópia dos outros.

Disseram-me que se não fizesse agora o exame para me tornar oficial, me dariam uma licença de seis ou oito semanas. Com certeza não conseguiria uma licença tão longa assim no ano que vem. Aliás, não conseguiria de jeito nenhum, já que estão mudando o regulamento. A gente nuca sabe o que fazer.

Escreves que nossa cultura está impregnada de um desejo insano de erudição e me disseste também, de Strobl, ser contrário ao excesso de estudo. Não entendo. Tenho inveja das pessoas que conseguem trabalhar bastante e com calma. E, diga-me, de onde vem tuas certezas sobre o mundo e sobre as pessoas? Não dá para chegar a elas partindo apenas da contemplação. Diga-me, também, o que queres dizer com «compreender a vida»? E isso tem a ver com renunciar ao estudo?

De vez em quando me vêm à cabeça coisas singulares e indescritíveis. Vêm depois de ter trabalhado bem ou de ter falado com alguém que parece ser o melhor no ambiente que o rodeia, ou em outras situações [...].

Responda logo.

Teu Edgar

Viena, 27 de setembro de 1894.

Meu caro Edgar,

Tuas perguntas são um tanto complicadas. Responderei algumas delas, mesmo fora da ordem, e pouco a pouco elas se tornarão mais claras e farão mais sentido. Para a maior parte das pessoas, saber muito equivale a não saber nada. Os eruditos especialistas são os mais ignorantes: em sua soberba obtusa, esquecem-se de que o conhecimento dos fatos e de suas leis não possui um valor moral absoluto, mas apenas metafórico, e não atinam para o fato de que não basta o acúmulo de material meramente científico para formar um profissional, não em seu significado mais profundo. Não percebem que a coisa mais importante é que cada um viva a sua própria vida, vida que lhe foi dada e confiada de modo singular, e que a viva do modo mais autêntico e belo possível. Em vez de se dizer belo, pode-se também dizer «bom». Naturalmente não é possível pensar em uma vida «autêntica» e em uma vida «bela» separadamente, pois parecemos belos aos outros quando somos interiormente autênticos. A erudição sem alma produz a ideia de insuficiência da vida em relação à enorme quantidade de conhecimentos necessários para existir e, com isso, gera um grande desestímulo no indivíduo, que deve ser capaz de resolver tudo sozinho, se quiser chegar a algum lugar. Mas isso tudo é um equívoco, pois o que realmente interessa, o sentido da existência, pode ser compreendido em qualquer fenômeno inerente apreendido na vida, quer dizer, numa revelação espontânea apanhada num momento e estabelecida com ideias inerentes próprias, com suposições toscas da alma, tanto quanto de um sistema vasto e complexo de análise científica dos fenômenos. A soma, porém, das experiências singulares num todo, jamais será possível. A menor das partículas e o maior dos espelhos refletem-se necessariamente e fazem bem um ao outro; sem, contudo, reterem nada em si. Todas as coisas mortas e vivas são seres e querem dizer alguma coisa. O mesmo mar que, se um dia, por acaso, tu quisesses, poderia te matar, te dá continuamente algo menos real do que a morte, algo mais metafórico e, todavia, muito grande: as vibrações mutantes da alma decorrentes da imagem mutante que ele sucinta em ti. A calma e a inquietude, o considerar-se ora importante, ora sem importância, a coragem e a melancolia, tudo isso dependerá da vida do mar, e essa minha observação torna-se banal se no lugar do mar colocássemos a pessoa amada; também ela, de um ponto de vista absoluto, é como o mar, um ser que está fora de ti, um fenômeno da existência, um ser que te influencia e que tem um significado para ti. Não se trata de uma alegoria quando se diz que a amante, o mar, matou o marinheiro: o que é realmente poético é apenas a expressão velada de uma verdade mais profunda, e penetrando-a mais profundamente desaparece o caráter metafórico. Tudo, todas as coisas que existem (incluindo o ser humano) relacionam-se entre si, são iguais em sua essência, capazes de influenciar umas às outras e estar, de certo modo, em misteriosa relação moral entre si (a propósito, certa vez li num romance russo[12] que se pode sentir culpado e responsável também pelo canto dos pássaros nos bosques), sentir com a alma, não com o intelecto, isso que chamo de compreensão da vida. Disso vem, para mim pelo menos, a compreensão da própria grandeza e da própria pequenez e o amor pela vida. É justamente contra isso que os sabichões erguem barricadas, esquecem-se do eterno em favor

---

12 Trata-se de *Os irmãos Karamazov*, de Dostoiévski.

do relativo, do humano em favor do histórico e do que é vital em favor do científico. O desejo que almejas é completamente outro, ou melhor, é outra concepção do saber que buscas, e que jamais chamei de ruim. De toda forma, é ótimo saber que estás atingindo certa maturidade interior sem o ônus da erudição engessadora. Aprenderás a compreender cada vez mais as coisas e a relacioná-las entre si, as grandes e as indescritíveis, que vão se revelando aqui e ali para ti. Esses são os momentos que tornam a vida digna de ser vivida; momentos em que, através duma intuição obscura, atinge-se a grandeza e a inefável sublimidade do ser humano.

Estás muito enganado se pensas que eu tenho sempre um juízo pronto e completo sobre as pessoas; nesse caso eu deveria ser um gênio ou um estúpido completo. Donde saiu essa ideia? É um elogio ou uma reprovação? Primeiramente, conheço muito bem os juízos que expressei sobre algumas poucas pessoas na tua presença; além disso, sou capaz de intuir alguma coisa e tenho muita confiança nos seres humanos, porque sinto que, interiormente, há muitas afinidades entre eles. Conheço realmente muita gente.

Despeço-me. Parto dia 30 para o Regimento. Escreve-me e envia no meu endereço da rua dos Salesianos. Espero que me faças mais perguntas, mesmo que esta carta de hoje não tenha te agradado. Com o tempo as coisas vão se esclarecendo.

Teu Hugo

Tivat, 30 de outubro de 1894.

Nada acontece e levo uma vida ociosa. À toa, à toa. Podes me mandar alguns livros?

Fisicamente nunca estive tão bem a bordo de um navio como agora, mas desperdiço muito tempo com bobagens. Nada acontece ao meu redor e, também por isso, hoje é um dia que não me traz nada de belo, nem mesmo um pouquinho; apenas banalidades. Se pudesse caminhar contigo, por exemplo, debaixo de chuva pela Alt-Aussee até o mercado, logo ficaria bem e de bom humor, mais ainda do que aquela vez, porque me sinto mais saudável no momento. Achas que é frescura minha?

Queria realmente saber o que pensas de mim. A maioria das pessoas sobrevaloriza ou subvaloriza os outros. A Elisabeth, minha mãe e minhas irmãs acham que sou melhor e mais profundo do que eu acho sobre mim mesmo.

Tenho a sensação, em geral, de não ter visto as coisas que deveria ter enxergado e agora não posso mais encontrá-las.

[...]

Outra coisa: apesar da tua última carta, tão querida e tão longa, e apesar das passagens que compreendi bem, muitas vezes, por um instante, me dá um enorme desejo de estudar, de me dedicar ao estudo sério, e não vejo a hora de ter a calma necessária para poder me debruçar sobre os estudos. Não creio que isso me fará feliz, mas pelo menos vai me dar mais satisfação do que o trabalho na Marinha. Para fazer isso conscientemente é preciso ser uma máquina ou um gentleman com vontade de aço; tomar a parte mais nobre da própria alma.

De coração, do teu Edgar.

Viena, noite de 12 de novembro de 1894.

Meu caro Edgar,

É muito difícil dizer com clareza, em poucas palavras, os motivos que me fazem gostar de ti. Se conhecesses mais pessoas, compreenderias sozinho: não ser uma pessoa insossa já é uma grande coisa, além de muito raro hoje em dia. Depois de pensar bem, decidi te enviar dois livros que têm grande significado para meu mundo interior. O livro em inglês[13] não é fácil de ler, não se deixe confundir com a particularidade do estilo e das inúmeras alusões, caso não compreendas; a essência do livro é tão simples e grandiosa que não irá te escapar. Com relação ao livro russo,[14] te peço para ter paciência durante as cem primeiras páginas, depois, creio, não terás mais vontade de parar de ler. Agradeço muito as fotografias; curiosamente, a japonesinha que aparece nelas me agrada demais e me fala muito mais de ti e da atmosfera que vives do que a tua própria imagem, com um rosto que jamais

---

13 Título desconhecido.
14 Trata-se de *Os irmãos Karamazov*, de Dostoiévski.

havia visto antes, particularmente bruto, que não tem nada a ver contigo. Penso que a gente deve escrever apenas quando está disposto a fazê-lo, e isso acontece quando se está em bom estado de espírito, com desejo, com paixão. Não posso saber se, para tanto, tu tens de inventar alguma coisa. Se ela sai realmente de ti e não é um eco vazio de pensamentos de outros — nem são argumentos desmesurados, sem concisão —, tudo bem. Seria ótimo se pudesses me enviar alguma coisa o quanto antes: gostaria de ler à noite, antes de me deitar, como tua querida carta, com sentimento insólito, rico e complexo, ideal para a atmosfera doce e triste das nossas noites em Strobl; a tua alegria, nossas cavalgadas pelos campos, o barulho das nossas conversas e das nossas risadas e as tribulações do momento na nossa vida. Despeço-me. Ficarei muito feliz se os livros preencherem tuas horas, se a costa, o vento, a noite e o dia não forem mais monótonos para ti, mas ao contrário, «cheios de revelações».

A gente se fala. Escreva logo.

Teu Hugo

Ler *Ben Hur* ou outro livro medíocre, só para praticar, dá na mesma, não achas?

Vis, 21 de novembro de 1894.

Caro Hugo!

[...]

Quando recebi a tua última carta, estava de ótimo humor e senti que me escreveste coisas verdadeiras e justas. Estou curioso para descobrir se os livros que me mandaste terão realmente a capacidade de fazer comigo aquilo que crês que eles poderão fazer. O vento e a costa podem ser uma revelação, mas penso que devemos aproveitá-los junto com outras coisas, se queremos realmente aproveitá-los: junto com outras pessoas ou em um trabalho saudável, concorda? Os portões do Jardim do Povo ou a poeira da estrada já te disseram alguma coisa grandiosa alguma vez? Sinto sempre o vento, vejo sempre a costa em diferentes estados de espírito; não muda o cenário.

Não entendi o que querias dizer? — Não te esforces em tentar encontrar algo particular no vento; tem de vir de si mesmo e não pode vir sempre, caso contrário não seria algo particular.

Quando nos reencontrarmos, estarei mais forte em muitas coisas e não tão cansado como agora, nem tão tolo como estou, depois de passar dois anos em navios da Marinha austríaca.

Um abraço.

Teu Edgar

Viena, 3 de maio de 1895.

Meu caro Edgar,

Parece que o cansaço está tomando conta de nós dois, tu com teu exame e eu também com o meu (para me tornar cabo), além de eu ter ficado doente, uma doença esquisita, sem febre, mas capaz de me deixar muito debilitado, sem alegria de viver e de refletir, sem conseguir ver nexo nas coisas, roubando-me toda forma de interioridade da alma, dando-me apenas ideias monótonas, áridas e estéreis. Isso durou algumas semanas. Agora que são meus últimos dias de licença, estou curado, e sinto novamente a primavera luminosa e maravilhosa, sinto intensamente a vida e a grande unidade entre todas as coisas que existem e também a unidade entre o passado e o presente. Ficaria muito feliz se pudesse passar algumas horas contigo, pois acho que uma hora de felicidade pode aliviar dez mil horas infelizes. Se não fosse assim, as tribulações da vida já nos teriam aniquilados com suas exigências incessantes e infinitas. Gostaria muito de receber outra carta tua em breve; assim nos esquecemos desses meses vazios e estéreis, já que o mal na vida é misteriosamente forte, impregna todas as coisas, embora seja também estranhamente impotente e, enquanto nossa alma não está desencorajada, ele escorrega de nós como quiabo e se dissolve na memória como gesso na água.

Ficaremos bem. Manda notícias logo.

Teu fiel amigo Hugo

Brest, 5 de junho de 1895.

Caro Hugo,

Tem de passar muitos dias para que eu consiga ter finalmente um dia em que ocorra alguma coisinha interessante, infelizmente. O que vem é só chumbo, desmotivação, confusão, falta de entusiasmo, e não consigo desviar essa tendência para algo mais inteligente e positivo, mesmo que deseje mudar e me esforce para isso. Às vezes me sinto fisicamente fraco, coisa que não é normal para um jovem de vinte e dois anos. As mães têm razão quando recomendam comer, beber e tocar em frente.

[...]

Quando me encontrares, entenderás porque me lamento tanto. Sofro de solidão e mesmice. Devo te contar uma coisa: quando, ainda criança, fui pela primeira vez a Rijeka e passando pelos Alpes cheguei a Carste, a luz brilhava e, atrás dela, o mar e as rochas, a luz da lua, o mar e o odor de doze horas de trem, tive um desgosto enorme diante de tudo aquilo, pelo modo que se apresentava para mim. É uma sensação infantil que nunca me abandonou. Às vezes, quando estou à beira-mar ou passo pelo Cassino, me vem a mesma sensação de solidão; tenho certeza de que boa parte dela vem dessa experiência. Seria diferente se lá encontrasse montanhas, florestas e mulheres elegantes.

    [...]

    Um abraço,

                                          Teu Edgar

Kiel, 12 de junho de 1895.

Caro Hugo,

[...] Te escrevo porque ontem novamente me veio a compreensão de que eu entendo muito pouco das coisas que muitas pessoas acham interessantes e que eu deveria conhecer também. Refiro-me à incitação ao povo e ao movimento pela liberdade.

[...]

Fiquei sabendo que andaste frequentando um café em Viena para trocar ideias com um jovem social-democrata. Gente impossível de encontrar aqui ou em Pola. Algumas pessoas, entre elas muitas pessoas queridas, sentem-se incomodadas com esse tipo de conversa, e não é por ignorância no tema.

Podes me explicar um pouco do que trata esse movimento?

Onde começou, por que nasceu, qual o interesse em desenvolvê-lo ou aniquilá-lo? Quem é Pernerstorffer?[15] *Além disso, peço indicações de livros sobre temas como o funcionamento do nosso governo e de como*

---

15 Fundador do Partido social-democrata austríaco.

nossa Constituição tomou a forma atual. Coisas que talvez se estude no colégio. Nunca trataram disso na Academia Militar. Mesmo as aulas de história chegavam no máximo a 1848. [...]

Abraço,

Teu Edgar

Göding, 18 de junho de 1895.

Meu caro Edgar,

O que me escreveste de Brest, que ficaria mais feliz se em Pola existissem jardins verdinhos e mulheres elegantes, além do céu, das montanhas e do mar, compreendo perfeitamente. Aqui existem prados verdinhos cheios de gente em pé ou ajoelhada, jovens camponeses eslovacos, descalços e com fita vermelha na cabeça, passeiam a cavalo pela aldeia de quando em quando, passando diante das casas pintadas de azul ou verde, sob o céu longínquo e incolor, correm pelas vielas vazias onde os álamos altos se alçam com tristeza, e em meio a tudo isso por vezes tenho uma sensação de solidão indizível e sufocante, como se tudo isso não fosse parte da vida, da vida real, mas de um reino estranho que não compreendo e que me angustia, um reino em que, sabe lá Deus por quê, vagueio. Essa sensação de alívio e depois de nova queda, recorrente na nossa vida, acontece com mais frequência contigo do que comigo, e isso depende de causas que são muito mais profundas do que razões exteriores; também sofro disso. Talvez um dia consiga dizer mais coisas a respeito, no momento não sou capaz de falar muito mais do que isso.

Na tua carta de Kiel me perguntas algo que posso apenas responder parcialmente. Sobre essas questões, que comumente se chamam de questões sociais, ouvem-se diversas coisas, muitas superficiais, outras boas, mas no fim das contas é tudo muito estéril e distante, como se fosse possível ver um gafanhoto na pradaria de um telescópio; impossível ver a realidade. O que é a «realidade» ninguém sabe, não importa se a vemos de perto ou de longe. Eu não conheço o «povo». Creio que não exista o povo, pelo menos entre nós, existem somente pessoas, e pessoas muito diferentes entre si, mesmo os pobres são muito diferentes entre si, com mundos interiores muito diversos. No nosso caso, ainda, não devemos nos esquecer da variedade de nacionalidades e sua consequente diferença no desenvolvimento do indivíduo. Um estudante judeu sem dinheiro, um vagabundo vienense galanteador, um boêmio melancólico, um operário explorado da Moravia alemã e mais esse, mais aquele, mais aquele outro... Somando-se tudo isso e multiplicando por cinquenta mil obtém-se aquilo que chamam de «proletariado». Posso compreendê-los apenas individualmente, posso ajudá-los somente individualmente e creio que essa seja a coisa mais importante. Mas isso é muito difícil entender, pelo menos na Áustria, país um tanto estranho. Nos países ocidentais, as ideias contrárias a essa podem fazer mais sentido, pois neles, acredito, as massas são mais homogêneas. Alegra-me, entretanto, que na Áustria não seja assim. Procurarei um livro sobre nossa Constituição para te indicar. Procura, porém, não querer penetrar muito a fundo nos conceitos, que são, para nós, ainda mais vazios e inadequados do que no passado, até porque já os encontramos belos e prontos, porém tomados em situações diversas. Com um pouco de experiência e de memória vai-se mais além do que se imagina em um primeiro momento. O importante não é aprender coisas novas, mas refletir na própria interioridade e aprender a fazer algo a partir daquilo que já se possui. Os milhares de conceitos abstratos que vão de um lado a outro e se compenetram entre si são como os detritos que as grandes correntes depositam nas margens dos rios. Quando se nada no meio, em águas cristalinas, os detritos são irrelevantes. Claro que nos sentimos confusos, vendo as pessoas lutarem com conceitos como os cães pelos ossos, e não temos coragem de admitir a inutilidade de todo esse caos.

Mas temos de ter coragem. A maior parte das pessoas não vive na vida, mas na aparência de vida, um tipo de álgebra onde tudo quer dizer alguma coisa, mas nada é de fato. Eu queria sentir o ser das coisas, estar imerso no ser, no sentido real e profundo. O universo inteiro é repleto de sentido, seu significado está na sua forma. A amplitude das montanhas, a vastidão do mar, a escuridão da noite, o olhar dos cavalos, o modo como são feitas nossas mãos, o perfume dos cravos, a planície, as colinas e os vales, as dunas, os abismos, a paisagem vista a partir das montanhas, os declives, a sensação que se tem quando se caminha em um dia muito quente sobre o piso frio de casa, quando se toma um sorvete, ou seja, em todas as inúmeras coisas da vida, em cada coisa, e, em cada uma delas de modo particular, exprimi-se algo que não é capaz de ser reproduzido pela palavra, mas que fala a nossa alma. O mundo inteiro é a comunicação de coisas incompreensíveis a nossa alma ou a comunicação da alma com ela mesma. Tristeza é uma palavra que carrega uma ideia, mas na vida há milhares de tristezas: tristeza de só ver penhascos, o mar e o céu; tristeza de se pensar em certos dias da infância quando se sente o cheiro de morango; tristeza nos olhos cansados dos macacos; a tristeza na maneira em que se vê o pôr do sol; e tantas outras tristezas, não é verdade? As palavras não são deste mundo, são de um mundo em si mesmo, um mundo completamente independente, como o mundo dos sons. Pode-se dizer tudo aquilo que existe; pode-se musicar tudo aquilo que existe. Mas não se pode dizer jamais completamente como existe. É por isso que a poesia, como a música, produz uma nostalgia estéril. Muita gente a ignora e acaba sucumbindo ao comunicar-se com a vida. Ela fala por si mesma. Fala através dos fenômenos. Há sempre um fenômeno, uma combinação de palavras, uma concatenação de notas que tocam nossa alma como se fosse a própria coisa. São um igual-absoluto,[16] a expressão tríade de algo desconhecido, uma vibração divina. Vais estranhar no início, pois a crença, seguramente herdada da infância, de que podemos escrever a vida apenas utilizando certas palavras, está muito enraizada em nós, como se os quatros caminhos de uma encruzilhada fossem completamente iguais. As coisas não são assim, e os poetas, como os compositores, exprimem exatamente, quer dizer, revelam sua alma através de um

---

16 ein Absolut-Gleiches.

meio em que o ser está completamente disperso, já que o ser carrega em si a completude de todos os sons possíveis; mas tudo depende de como eles são combinados. Também o pintor faz assim com as cores e as formas, que são apenas uma parte dos fenômenos, mas para ele são o fenômeno como um todo, e através das suas combinações ele consegue exprimir sua alma inteira (ou, o que é a mesma coisa, o inteiro jogo do mundo). Dá para pensar, finalmente, em um malabarista hábil que ao lançar suas esferas no ar produz o mesmo efeito através de seus meios expressivos, a gravidade e o movimento (mais parecido nesse caso a um arquiteto), causando em nós comoção e prazer. Por isso, penso que não há nada escrito em que se possa confiar. Todos os grandes livros, os grandes poemas, a Bíblia, são todos mundos da imaginação, com afinidades com o mundo real e entre eles, apenas de modo simbólico, não como buchas e parafusos! Os discursos humanos (e mesmos os textos escritos) são muito semelhantes àquilo que se obtém quando uma música conhecida é tocada de modo equivocado; soa como um barulho estranho vindo da rua. Seu efeito é muito restrito. Tornar-se maduro significa talvez apenas isso: aprender a ouvir dentro de si de tal modo que não apenas se esqueça de todo o barulho externo, mas que seja capaz de se desvencilhar dele até o ponto de não mais ouvi-lo. Quando alguém se apaixona por si mesmo e, fixando o olhar na imagem refletida, cai na água e se afoga como Narciso, creio que se caiu no melhor dos mundos possíveis, como as crianças que sonham entrar no mundo da fantasia e se aventurar pela montanha de vidro e pela fonte do príncipe sapo.[17] Quando digo apaixonar-se por si, refiro-me à vida, ou a Deus, como quiser. Eu tinha que escrever sobre tudo isso, não apenas porque acredito nisso, mas também para tentar te explicar alguma coisa. Ou me engano? Responde logo.

De coração,

Teu Hugo

---

17   Referência a contos de fadas dos irmãos Grimm.

Pola, 11 de agosto de 1895.
Hospital da Marinha

Meu caro Hugo!

[...]

Queria me sentar para escrever o quanto gosto «terrivelmente» de ti. Quando algo me tira do sério me vem em mente a tua palavra «terrivelmente», que é o que mais completa o gostar e, portanto, coloco-as juntas para falar de ti. Não consegui escrever ontem nada mais do que «caro Hugo, gosto terrivelmente de ti»; no máximo um período longo a respeito do raio violento que caiu três anos atrás e que, me informaste, nunca mais voltou a cair. Ou seja, coisas sem sentido para mim e para ti.

Em uma outra ocasião me escreveste, disseste que quando lês livros procuras o ser humano e como ele vê a existência. Aconteceu isso comigo ontem. Para mim isso tem algo misterioso, que esconde uma intuição; dito em outras palavras, não consigo ver nada. Mas continuo a crer na tua ideia, porque acredito que uma hora ou outra me virá uma iluminação desse tipo. Com relação aos livros, nenhum deles até agora me deu prazer real e sincero, não me apaixonei por nenhum;

às vezes falo que gosto de um livro, porque não me sinto influenciado por ele, mas depois percebo que é mentira e fico nervoso comigo mesmo.

12 de agosto.

O Niels Lyhne *e os* Karamazov *são livros de grande valor para mim, porque são indicações tuas. Creio ter sentido algo belo nessas leituras. Se forço a memória, me lembro da história das crianças tortura-das e de uma frase que parece um mandamento: não deves mentir. Que se possa sentir culpado diante dos passarinhos no bosque é uma coisa que compreendi há muito tempo, quando, ainda criança, andava pelos bosques escuros, e experimentei um terror excitante, típico de bosques desse tipo.*

Quero ler um dia um livro junto de ti, e estar mais tempo contigo, para te perguntar muitas coisas. Gostaria que me conhecesses também melhor para não me sobrevalorizar. Com tuas cartas e a tua amizade, me fazes já muito bem. Sei que gostas de mim, mas me per-gunto se sou algo precioso para ti, alguém que faria falta se não existisse.

Assim que estivermos juntos, falamos mais das tuas cartas. Será maravilhoso estar diante de ti e expli-car tudo melhor.

[...]

Teu Edgar

Moravia, 22 de agosto de 1895.
Quartel de Klein-Tesswitz

Jamais parei para pensar no motivo de gostarmos um do outro e, de toda maneira, não se pode jamais sobrevalorizar uma pessoa, que é sempre algo precioso e impagável, como tudo na vida, e creio que, quanto mais se melhora e se fica mais maduro, tanto mais profundamente se aprende a apreciar e a honrar as coisas. A nossa sorte secreta foi a de nos encontrarmos no momento justo, quando era impossível um ignorar o outro. Podemos dar uma fuçada nas minhas cartas antigas; mas não conseguiremos tirar grande coisa delas, porque as palavras nascem no minuto, para aquele minuto, acertam o alvo em cheio ou caem por terra. Essa é a diferença radical que existe entre as palavras que servem para a compreensão, acompanham e auxiliam as ações, e as palavras que compõem os poemas; elas são símbolos indestrutíveis do ser eterno.

Neste momento acaba de me chegar tua carta de 18 de agosto. Agora estou mais tranquilo, menos preocupado.

Da leitura dos livros, é mais falar a respeito do que escrever. A maioria, a maioria esmagadora dos livros não são verdadeiros livros, mas repetições ruins e fragmentárias dos verdadeiros poucos livros. Mas isso, para quem lê, não muda muita coisa. O leitor não deve se preocupar se o que está sendo contado é original ou vem de uma segunda ou terceira fonte, desde que o conteúdo valha a pena. Dito de maneira mais simples, parece que a existência dos livros tem essa finalidade, a de ajudar a se tomar consciência da própria existência e, assim, ter prazer nela. Se isso é feito de modo completo ou fragmentário, em maior ou menor escala, depende de cada caso. É possível que alguns livros signifiquem para mim o que eu significo para ti: um companheiro com quem se abrir e em quem confiar. A mesma coisa acontece com alguém que se esconde por trás de um livro: apenas aqui e ali se pode intuir o seu ser. Para mim pelo menos, tenho satisfação contínua com as experiências fictícias que provêm dos livros, como a harpa quando vibra uma corda em um tom mais alto e ressoa em outro mais baixo, e por isso sou grato aos livros e aos amigos por enriquecerem a minha existência.

Não me sinto separado de tudo da existência e nenhuma parte da minha complexa consciência se cala de tudo. Aqui nesta cidadezinha da Moravia onde me encontro, em pleno sol de agosto, sinto-me, ao mesmo tempo, limitado e rico, nostálgico e contente, preguiçoso e corajoso; sinto também a ti, vivo algumas horas da tua vida mesmo não estando ao teu lado, não do mesmo modo que tu, claro, mas tudo de ti que trago em mim; e não é que sinto também as centenas de mulheres e homens que vivem dentro de mim? Não se deitam conosco os vivos e os mortos, bebem do nosso copo e se abaixam quando nos abaixamos? Quando contamos histórias para as crianças, elas morrem de medo, como se vissem realmente os seres de quem falamos, como se estivessem presentes no momento em que eles estão em perigo, um perigo que elas não são capazes de impedir. E o narrado não passa de algo ocorrido três mil anos atrás. Deixa, por isso, de ser menos real? Na verdade, é só uma questão de distância maior. Há estrelas neste momento que estão recebendo vibrações que saíram das lanças do soldado romano que perfurou o lado de Cristo. Para aquela estrela, tudo isso é presente. Imagina agora, se em vez da atmosfera, existisse outro modo de difusão das coisas: da alma de quem viveu algo, passasse direto para o ouvido de quem ouve a história pela primeira vez. Da boca de quem ouviu, passasse para outra pessoa, e assim sucessivamente, fazendo sempre uma pausinha no cérebro, remodelando assim a imagem real original. No meio dessa corrente, coloca um poeta, algumas pessoas profundas e outras superficiais que contam a mesma história. Se depois de três mil anos, ela continua a amedrontar as crianças, não é talvez algo verossímil e real? Se tu interrompes a corrente em algum ponto, a história pode virar uma oração íntima, profunda e comovente, na qual a alma amedrontada clama a Deus, exatamente como o príncipe do conto de fadas que, aterrorizado, se atira da janela de uma torre alta para mergulhar em águas sombrias. Interrompas a corrente em outro ponto e terás uma bobagem qualquer. Anéis semelhantes dessa corrente são os livros. Creio que, para certas pessoas, mesmo os livros medíocres podem produzir experiências imaginárias vivas e maravilhosas. É o famoso: «mergulhar na leitura». Por isso, do ponto de vista do leitor, não existem livros bons ou ruins, mas apenas livros que dizem muito e livros que dizem pouco. *Os irmãos Karamazov* me disse muito. Passei a caminhar diferente pelas ruas e olhar as pessoas no transporte público tornou-se algo importante depois da leitura desse livro. Fiquei mais afetivo com os amigos, passei a apreciar melhor as coisas belas e a ter mais medo das coisas assustadoras. Isso pode também ocorrer com alguém que recebe telegramas esquisitos sobre a guerra dos holandeses na Indonésia. É um tema que provavelmente daria um belo livro. Mas, de um ponto de vista absoluto, é tarefa dos grandes artistas criar belos livros, a partir de coisas sem grande interesse, livros que saibam empolgar e ensinar. Com relação, contudo, ao equilíbrio entre empolgação e serenidade, podemos falar quando nos encontrarmos em dezembro. Na verdade, penso que um *gentleman*, ou um artista, como queiram que sejam chamados, só pode ser a pessoa com altíssima capacidade de empolgar e ensinar.

Fico por aqui, meu amigo.

Escreve-me o quanto antes e me diz como vão as coisas.

Hugo

23 de agosto de 1895. Noite.

Caro Hugo!

Recebi tua carta hoje à tarde. Queria que estivesses aqui. Creio que seria um daqueles momentos felizes, repletos de segredos e promessas. As tuas cartas sempre, ou quase sempre, provocam em mim uma sensação dupla, de inquietude e de felicidade. Um quarto das coisas que escreves não entendo, ou apenas intuo vagamente. Tuas cartas, entretanto, são um bálsamo; algumas têm a capacidade de despertar em mim algo que hibernava, me dão energia e coragem. Às vezes memorizo trechos e reflito por meses, os cito, digo a outras pessoas que desejo ajudar, sempre com a ideia, em princípio, de dizer coisas que sirvam também para mim, para me habituar, até esgotá-las e não dizerem mais nada àquilo que está dentro de mim e que se tornem banais e incompreensíveis. Mas não é assim com tudo. Algumas coisas querem dizer sempre muito para mim e permanecem de modo precioso por muito tempo.

De hora em hora, alternam-se em mim sentimentos contraditórios, passo da descontração mais leve à ruminação nervosa e triste, e fico tolo e debilitado, mais vulgar e superficial do que as pessoas que trato normalmente com superficialidade e desprezo.

Tenho consciência da minha imaturidade e da minha fragilidade. Como mudar as coisas? Não é que te adore ou te admire, tenho profundo respeito por tudo aquilo que vi em ti de gentleman, qualidade de grande valor que tu tens e que me falta, mas que eu gostaria também de ter. — Não faz muito tempo tive umas fraquezas que me levaram a fazer uma série de bobagens. Apesar disso, sempre fui uma pessoa com grande senso de justiça e com algumas outras boas qualidades. Nunca tive grande remorso, mas não consigo entender como, de um minuto a outro, deixo de ser uma pessoa normal e viro um crápula. — Claro que não poderás me entender ou poderás entender apenas parcialmente, se não te explico melhor essa metamorfose. Não era minha intenção, mas acabei confessando tudo para ti; não fiz isso com ninguém mais além de mim mesmo, mas não quero que tenhas uma imagem equivocada de mim. Com outras pessoas, mesmo com pessoas muito queridas, não penso muito nisso, ou me é indiferente, ou é até mesmo bom que não me vejo sem véu, nu. Em ti, porém, confio e sei que continuarás a gostar de mim independente de qualquer coisa e que não preciso fingir nada para ti. Muitas vezes mesmo o silêncio pode ser falso.

É impressionante a influência que tens sobre mim e sobre tudo que me circunda, lugares e pessoas. Não tenho forças para ser feliz e ficar satisfeito em estar cercado de pessoas vazias, sinto-me oprimido e ansioso, como se tivesse que abrir mão de alguma coisa. Esse tipo de sensação, embora exista, não é frequente, graças a Deus. Não tenho isso em Viena, não me ocorre onde posso vagar ou experimentar algo diferente.

Mesmo com relação às pessoas sou volúvel. Na verdade, isso é normal.

Diante de minha mãe, me sinto quase sempre forte e seguro, já que essa mulher maravilhosa tem total confiança em mim, de corpo e alma, assim como sou, com meus defeitos e minhas maldades, e jamais me abandona independente de qualquer coisa.

Diante de Elisabeth ou de Hansi sou, por conveniência, forte como um urso, bem robusto, impossível de ser vencido, não estou nem aí para nada; com Leonor sou completamente outro, um sujeito meio incompreendido, como alguém que deve ver o brilho da arca do tesouro onde tenha bastante luz.

Contigo, como já deves ter percebido, sou como alguém diante de uma pessoa a quem devo muito, muito generosa, sempre generosa, sem subjugá-lo.

Com outros, que não conheces, como Lutz, por exemplo, sou ainda outra coisa diferente; sou aberto como se ele fosse minha irmã mais velha, a quem se quer muito bem, mas que não é capaz de sentir do mesmo modo que sentes. E, assim por diante, nunca pareço o mesmo para todo mundo, danço conforme a música e desafino.

Sei que dirás algo sobre isso, mesmo que não tenha tido a intenção de perguntar sobre o tema. Espero que me digas algo sobre esse meu sentir-se forte e fraco, a alegria e o remorso dos pecados — mesmo que os pecados me tenham dado alegria.

[...]

Hoje, de novo, te enchi de chateações. Respondo às tuas palavras benévolas sempre fazendo confusão, mais perdido que cego em tiroteio. — Quando estiver melhor, e tiver superado as coisas que me afligem, vou te dar mais alegrias em vez de tristezas. Será mais um motivo para ser feliz. Desde menino, sinto dentro de mim algo bom. Se o adulto virar um gentleman, então tudo vai ficar all right; e tu terás contribuído para isso.

Abraços,

Teu Edgar

Estou quase curado.

Áustria, 5 de setembro de 1895.
Quartel de Hatzenbach

A primeira juventude, que deixamos há pouco tempo para trás, é um tanto inquietante para mim, e não gosto muito de me lembrar como eu vagava completamente vazio pelo mundo. Com uma leviandade particularmente precoce, uma embriaguez total; às vezes entregue liberadamente aos pormenores, um sentimento intenso, do qual a lembrança arde profundamente e deixa tudo insípido e deserto por muito tempo. Jamais encontrei a explicação e penso sempre com pesar em tudo isso. Vejo facilmente as pegadas deixadas no caminho, elas me enervam e me deixam indiferente em seguida. O desenrolar das coisas é muito incerto, como subir num muro escorregadio, não se sobe de pronto e seguramente faltará apoio. Melhor não pensar muito nos erros. Creio que os erros de juventude são meio inconscientes e doentios, cheios de inconsistência e inconstância infantil, de um sentimento pudico e silencioso, de pensamentos descarados, repletos de mentiras, o início de todas as coisas. Nesse momento é que aprendemos a sentir, assim como devemos agora colocar o sentimento a serviço de quem e do que vive e existe conosco. Creio que atrás de nós exista um desvio, a tentação de ir para onde não se amadurece. Imagino que me consideras muito mais maduro do que sou: não sou corajoso, sou parvo e fútil. É maravilhoso, entretanto, que eu te faça bem. Esse é o maior sentimento que pode redimir e libertar alguém, capaz de suspender por um segundo o peso da existência, a pressão de ser, que nos faz lembrar de como éramos bons e nobres quando nascemos. É como ser chamado pelo nome por alguém, no meio de um pesadelo. A vida põe uma pedra sobre nós, temos que nos retorcer; como os deuses, somos nós que determinamos o próprio destino — como eles, somos fortes e fracos ao mesmo tempo. Sentimos isso como inspirar e expirar, com os pensamentos e as ações, avaliando aquilo que está ao nosso alcance e aquilo que não está. Nesse sentido, quanto mais se torna sábio, mais forte se torna; pelo menos é o que me parece. Espelho-me naqueles que são mais fortes do que eu, porque são um muro protetor entre nós e as terríveis e incondicionadas exigências da existência. Nada é mais belo que um rio vigoroso, que leva ao mar fontes e afluentes para depois desaparecer e se tornar algo maior. Quem tem a sorte de ter nascido entre o mar e as colinas, e mesmo longe do mar ter força o suficiente para apreendê-lo?

Por que te surpreendes ser diferente de teus amigos mais próximos e mesmo das pessoas mais distantes? Temos somente uma ideia muito vaga do que acontece na vida das pessoas. Apenas depois, muito depois — vejo que esse tempo se aproxima, tempo que poderíamos chamar de «terceiro», depois da primeira juventude imatura e depois do tempo presente —, é que aprenderemos então a conhecer realmente quem são as pessoas. No presente vivemos cada um para um lado sem podermos nos encontrar com frequência e o que fazemos de bom ou de mau não é possível ainda avaliar, já que temos apenas uma vaga ideia daquilo que é realmente importante. No momento, temos a confiança mútua e a busca por um caminho comum; pena que a solidão seja uma constante para nós. No futuro seremos capazes de prever o sentimento um do outro. Em gerações passadas, os jovens também buscavam seus caminhos e pareciam encontrá-los com mais facilidade. Isso tudo, porém, tem uma boa dose de blá--blá-blá e aquilo que ainda não amadureceu, ainda que bom, deve ser apenas aludido, não prometido.

Acho reprovável e desmoralizante a fidelidade cega às palavras sem seu espírito correspondente.

Não se deve perder o costume de se perguntar «aquilo que és para mim» e «aquilo que sou para ti». Com dificuldade, como imagens talhadas na pedra, esculpimos as primeiras imagens caóticas da vida. Não devemos considerar, «como tem gente cega e surda no mundo, piores que animais!». É muito difícil aprender a querer o bem dos outros, querer realmente bem a alguém, sem mentir para si mesmo. Claro que seria ótimo se pudéssemos conversar.

Logo, logo, se até o fim de outubro conseguires vir a Pola, será que poderíamos nos encontrar por três dias seguidos, se não tiveres empecilhos pessoais? Responda sinceramente, diga quantas horas, se não for possível o dia todo, estarias livre para nos vermos.

De coração,

Teu Hugo

Pola, 25 de setembro de 1895.
Casa Pola

Meu caro Hugo!

Não desanimei, mas não consigo ser feliz, ainda que as coisas não vão tão mal. Como, bebo, tenho roupa para vestir, uma cama quentinha e, vira e mexe, gente para conversar, mas a situação em que me encontro é como a de uma jangada, perdida no meio do oceano, que oscila por todos os lados. Tenho uma necessidade, vaga e indizível, de algo maior e melhor, talvez seja a necessidade de estar junto a alguém que me ajude a levantar. — Vivo um conflito dentro de mim; não vejo a razão da minha existência, não compreendo a alegria das pessoas que se divertem à noite e se livraram dos demônios da imaginação; não entendo como conseguem cumprir suas obrigações com prazer. Meu trabalho me parece uma perda de tempo sem finalidade, sem importância alguma. Experimentei levar a vida numa boa, consciente dos próprios deveres, mas nada me satisfaz.

[...]

Quando vieres, claro que virás em casa. Venha mesmo, por favor.

De coração, do teu Edgar

Pola, 30 de outubro de 1895.

Meu caro Hugo,

Já está um pouco tarde, mesmo assim te escrevo. Não está acontecendo nada de particular, mas tenho muita coisa para fazer desde a manhã bem cedinho e, de noite, estou sempre cansado, incapaz de pensar em qualquer coisa que seja. [...]

Não pude acompanhar tua viagem à Itália, mas sei que estiveste em Veneza. Há tantas coisas belas por perto — a gente está muito vinculado aos compromissos e a essa tal de liberdade.

Tenho pouco contato com as pessoas, exceção feita à minha mãe. Não tenho tua carta em mãos; sei que tens medo que eu minta para te acalmar. Não precisas ter medo, estás acostumado com meu mau humor mais intenso e, na maioria das vezes, me respondeste sempre com coisas boas.

Não sei muito bem como poderia te descrever meu estado de espírito atual. Um eterno olhar para a frente a esperar algo de bom e puro. Como uma lagartixa que quer andar sobre a parede lisa e cai dez vezes antes de finalmente conseguir. Meus recrutas estão se comportando muito mal. Vou ter de ir lá dar um berro.

De coração, do teu Edgar

Viena, 4 de novembro de 1895.
Rua dos Salesianos, 12

Meu caro Edgar,

Estive só em Veneza. Não queríamos ir a nenhum outro lugar. Estava muito frio e voltei um pouco gripado, vi algumas mulheres por lá, que não sei o nome, e com quem não conversei, mas seus rostos e seu modo de falar com seus maridos me tocaram e me fizeram crer ter vivido inúmeras experiências. Vi também muitos quadros bonitos e as belas tumbas, imponentes e reconfortantes, dos duques nas igrejas. Não foi a primeira vez que fui. O mar, o verdadeiro mar azul que te circunda, vi por apenas algumas horas. Assim que vi o mar, compreendi ter envelhecido. O motivo para isso não sei te explicar. Quando uma pessoa vive em meio a casas ou em zona campestre, conforme começa a se aproximar do litoral e, da estrada, já pode ver o mar, acontece alguma coisa diferente: sente-se a si mesmo muito claramente, mas com um ar um tanto insólito e rarefeito.

Perdem-se muitas coisas que se imaginava possuir: a gente fica mais leve e vazio, é inquietante.

Se eu morrer amanhã, o que morre? O que realmente morre, qual força e quantas emanações da essência humana? Muito raramente faço esse tipo de questionamento, mas o mar pergunta, como pergunta o relógio no silêncio absoluto da noite ou o rumor regular do sangue nas veias. Existe uma frase extraordinária de um autor[18] que agora enlouqueceu: «É excelente aquele ditado que diz: o que a vida nos prometeu, queremos para a vida toda».

Pensando bem, é realmente um grande ditado. Deve existir em nós uma força infinita, uma magia maravilhosa e ilimitada. Caso contrário, não teríamos jamais essas manifestações de pressentimento da existência, essa certeza abençoada de estar sempre cercado de coisas aparentes, essa vaga intuição de que as dores não são totalmente reais. Não as tens também? Muitas vezes estamos ali como alguém diante do mar, tudo que é estático está atrás de nós, para ser deixado para trás, e diante dos olhos nada temos além da existência infinita,

---

18   Trata-se de Nietzsche.

algo que não somos capazes de compreender totalmente. Vês que podes tornar-se amigo de um ser
humano. Grande abraço.

Hugo

Biblioteca antagonista

1 Isaiah Berlin – Uma mensagem para o século xxi
2 Joseph Brodsky – Sobre o exílio
3 E.M. Cioran – Sobre a França
4 Jonathan Swift – Instruções para os criados
5 Paul Valéry – Maus pensamentos & outros
6 Daniele Giglioli – Crítica da vítima
7 Gertrude Stein – Picasso
8 Michael Oakeshott – Conservadorismo
9 Simone Weil – Pela supressão dos partidos políticos
10 Robert Musil – Sobre a estupidez
11 Alfonso Berardinelli – Direita e esquerda na literatura
12 Joseph Roth – Judeus Errantes
13 Leopardi – Pensamentos
14 Marina Tsvetáeva – O poeta e o tempo
15 Proust – Contra Sainte-Beuve
16 George Steiner – Aqueles que queimam livros
17 **Hofmannsthal – As palavras não são deste mundo**
18 Joseph Roth – Viagem na Rússia
19 Elsa Morante – Pró ou contra a bomba atômica
20 Stig Dagerman – A política do impossível
21 Massimo Cacciari, Paolo Prodi – Ocidente sem utopias
22 Roger Scruton – Confissões de um herético
23 David Van Reybrouck – Contra as eleições
24 V.S. Naipaul – Ler e escrever
25 Donatella Di Cesare – Terror e Modernidade
26 W.L. Tochman – Como se você comesse uma pedra
27 Michela Murgia – Instruções para se tornar um fascista
28 Marina Garcés – Novo esclarecimento radical
29 Ian McEwan – Blues do fim dos tempos
30 E.M. Cioran – Caderno de Talamanca
31 Paolo Giordano – No contágio
32 Francesca Borri – Que paraíso é esse?
33 Stig Dagerman – A nossa necessidade de consolação...
34 Donatella Di Cesare – Vírus soberano? A asfixia capitalista

Fonte Arnhem
Impressão Formato
Papel Pólen Bold 90g/m²
Belo Horizonte, outubro de 2020